Liens utiles – Ouvrages de l'auteur :

www.marctheriault.com

Vaincre la dépendance affective

100 jours de chance

Vivre heureux au 21e siècle : Découvir la connaissance de soi

Les 20 secrets de l'esprit millionnaire

100 jours de bonheur
Marc Thériault

Marc Thériault

Thériault Édition
La Pocatière, Québec.

Dépôt legal

Bibliothèque nationale du Québec, 2006
Bibliothèque nationale du Canada, 2006

ISBN 978-2-9807502-1-2

Tous les droits de reproduction et de traduction sont interdits
pour tous les pays
sans le consentement de l'éditeur et de l'auteur.

Révisé en janvier 2015 pour Amazon.

Introduction

Depuis des siècles, et malgré tous nos efforts, notre monde cherche à comprendre où se cache « le vrai bonheur », sans le découvrir réellement. Les résultats ne sont pas concluants... La preuve en est qu'il existe encore des problèmes sociaux et économiques partout sur la planète. La vraie réponse ne se trouve pas dans la conquête de biens matériels ni dans les multiples expériences des sens. Il y a des possibilités infinies pour avancer vers un mieux-être total. Depuis l'avènement de l'ère moderne, nous sommes inondés de nouvelles informations, et ce, à chaque seconde. Nous devons faire le meilleur choix afin de cultiver notre esprit et de bâtir une plus belle humanité avec la connaissance actuelle, nous avons en main tous les éléments pour devenir naturellement heureux.

Il n'appartient qu'à vous de décider ce que vous voulez vraiment dans ce buffet de la croissance personnelle. Vous ne serez jamais obligé de changer quelque chose en vous.

Par contre, rappelez-vous que nous n'avons rien pour rien et que l'effort pour grandir intérieurement doit être constant. Les récompenses pour le bien-être intérieur sont infinies si vous êtes disposé à semer chaque jour quelque chose de bien en vous.

À la suite d'une série d'événements et de réflexions, j'ai découvert un jour que tout venait de l'intérieur. À partir de cet instant, je devais écouter cette voix pour exprimer les pensées et les idées les meilleures émanant de mon âme.

Dans ce livre, je vous présente cent jours de bonheur dans lesquels, j'ai laissé aller mon imagination. J'ai eu énormément de plaisir à écrire ces pensées. J'espère qu'elles vous combleront de joie et d'épanouissement.

Je consacre ce livre à ma mère décédée et à toutes les personnes qui m'ont aidé dans les moments les plus difficiles de ma vie.

Marc Thériault

Partie 1. La force du Moi profond

Partie 2. L'amour et vous

Partie 3. Maximisez votre potentiel.

Partie 4. Gardez votre calme

Partie 5. Votre épanouissement total

En terminant, trois questions

Jour 1

La pensée totale

Je prends conscience que je suis l'expression totale de ma réflexion. À chaque instant, je fabrique mon bonheur par la pensée que je cultive librement dans mon esprit.

Je peux faire ce que je veux de ma vie; c'est un choix libre qui m'appartient. Je dicte tout simplement ce que je veux faire de ma vie au plus profond de mon cœur.

Tout ce que je dois faire, c'est devenir la représentation du bonheur, de la santé et de la prospérité, autant pour moi que pour tous les gens qui m'entourent.

Jour 2

La lumière

Je prends le temps de me sentir bien dans tout mon Être parce qu'il y a toujours la possibilité de devenir plus beau, plus grand et plus lumineux, que ce soit intérieurement ou extérieurement.

Je fais donc refléter tout mon Être comme une lumière envers moi et les autres, et ce, pour le plus grand bonheur de l'humanité tout entière.

Je suis lumière et je prends conscience que cette flamme m'éclaire pour choisir les meilleures décisions qui m'ouvriront les sentiers d'un plus grand bonheur.

Jour 3

La merveille de l'Univers

Mon esprit est une merveille de la création. Ma pensée ne fait que créer un plus grand bonheur pour l'Univers tout entier, au gigantesque plaisir de tous les Dieux. :

J'entretiens cette merveille par le feu de l'amour. Ainsi, j'aime la vie et la vie me conduit vers une liberté toujours plus magnifique.

Toute la force de mon esprit doit me guider à construire continuellement un meilleur monde afin de vraiment représenter ce que je suis et d'établir un pont entre le lieu céleste et le monde terrestre.

Jour 4

Construisez un *monde meilleur*

Le monde autour de moi n'est que le reflet de ce que j'en pense et de ce que les autres pensent.

J'imagine les meilleures possibilités chaque jour, et ce, pour l'humanité tout entière.

Mon cœur est comblé de joie, de santé et d'amour parce que, justement, je vois le merveilleux en tout.

Je cherche tout simplement à embellir le monde dans lequel je vis au bénéfice de tous. Rien ne se crée seul : je dois m'investir pour bâtir une vie supérieure pour tous.

Jour -5

Votre implication

Je suis responsable de ce que je suis devenu. Je peux donc faire des miracles dans ma vie en m'impliquant.

Je prends conscience que je peux changer ma vie parce que je m'implique de ma personne et j'en connaîtrai les résultats un jour ou l'autre.

Personne ne peut m'imposer de choix. Je fais moi-même la possibilité du meilleur tant pour moi que pour les autres. Ma devise est d'être heureuse.

Je prends comme guide l'implication; elle me guidera toujours sur les plus beaux chemins.

Plus je tiens compte du facteur de cette dernière, plus je deviens libre et créatif.

Jour 6

L'infini de vos possibilités

Je crois en mes possibilités et en toutes celles que m'offre la vie. Je peux changer la réalité de ma vie pour mon plus grand plaisir et celui des autres.

Je distingue donc les meilleurs sentiments qui vont m'aider à traverser toutes les tempêtes de ma vie.

Je m'assure que chaque personne que je rencontre identifie en elle l'infini de la liberté et de l'épanouissement. J'offre l'immensité des possibilités au monde entier par ce que je suis.

Jour 7

Vos valeurs

J'agis toujours selon mes valeurs et mes convictions les plus profondes. Ainsi, je deviens éventuellement de plus en plus heureux, car je suis intègre.

J'enlève donc tous les masques, comme le mensonge et l'hypocrisie, qui m'empêchent de m'épanouir totalement et qui entravent ma vraie liberté intérieure.

Aujourd'hui, je prends la décision d'identifier quelle valeur est prioritaire pour moi, parce que je désire véhiculer dans mon quotidien le meilleur de moi-même pour le bien-être de tous.

Jour 8

Vos désirs les plus chers

Je prends conscience que mes désirs se réaliseront
un jour ou l'autre si je prends le temps de les exprimer dans le
monde matériel et spirituel.

Quelles sont les aspirations que je refoule depuis trop longtemps et
qui m'empêchent d'être vraiment heureux?

Aujourd'hui, je passe à l'action et je commence par un premier
désir que je veux accomplir depuis ma jeunesse. Par exemple,
rencontrer une personne ou
obtenir quelque chose de nouveau, mais à la condition que tout soit
fait dans le respect de soi et des autres.

Jour 9

Devenir le maître de votre vie

J'abandonne tous les esclavages qui m'empêchent
d'avancer réellement dans mon incarnation sur la terre.

Je bannis les drogues, les abus alimentaires, l'alcool et les
obsessions de toutes sortes qui nuisent à mon bien-être moral ainsi
qu'à ma santé physique.

Je tombe en amour avec mon Moi supérieur qui s'affiche comme
un créateur et un maître du temps et des lieux.

Chaque jour, la sagesse de mon Être se révèlera dans mon regard,
et ce, pour mon plus grand bonheur et celui des autres.

Jour 10

Votre esprit conscient et inconscient

Mon esprit conscient et inconscient s'harmonise pour exploiter mes plus grandes possibilités que sont les talents acquis à ma naissance.

J'avance donc vers un mieux-être total afin d'exprimer la réussite totale dans tout ce que je fais.

Je n'ai rien à prouver au monde, sauf le potentiel exceptionnel dont m'a pourvu l'Univers et qui peut être utilisé au service de chacun.

Jour 11

Attendez-vous au meilleur

Je m'attends au meilleur avec une grande confiance. Je ne peux être déçu, car je sais que le meilleur est toujours à venir, peu importe ce que je vis actuellement.

J'agis en conséquence du meilleur qui est en moi et qui se réalise autour de moi. Je n'ai rien à perdre, mais à tout à gagner.

Par conséquent, le monde est plus beau parce que tous peuvent identifier que chacun à le pouvoir de s'améliorer afin de créer des conditions de vie supérieures au bénéfice de l'humanité.

Jour 12

Votre concentration

Je me concentre sur l'allégresse. Par exemple, si je vois un enfant sourire ou des gens qui ont du plaisir, je prends conscience que le bonheur. Je crée par des choix et des événements positifs.

Plus j'augmente ma concentration sur le bonheur, plus je vois d'images et de réalisations joyeuses qui font que ma vie n'est pas ordinaire. Par ma volonté et la consistance que j'y mets, je peux totalement transformer ma vie en quelque chose de meilleur.

La tristesse existe encore, mais elle est passagère et parfois nécessaire afin de mieux savourer et apprécier tous les moments de réjouissance.

Jour 13

Vos habitudes

Je prends le temps d'analyser mes habitudes pour en tirer les meilleures conclusions sur les résultats de ma vie.

Lorsque nécessaire, je change sans hésitation mes mauvaises attitudes pour les remplacer par des supérieures. Je suis l'artisan de ma propre conscience et des circonstances quotidiennes qui m'entourent, tant heureuses que malheureuses, composant ainsi mon existence

Quand j'adopte un comportement plus sain, que ce soit au travail ou dans ma vie personnelle, c'est moi qui suis le premier à en profiter.

Jour 14

Exprimez-vous

Je prends le temps d'exprimer mes meilleures paroles. Je médite sur mes plus intimes pensées pour mon propre bien-être intérieur et celui des autres.

Lorsque j'établis des liens entre mes introspections, mon langage et mes actions, je m'aperçois rapidement que cela contribue à l'expression de mon Moi profond.

Il en résulte une plus grande estime de moi et une plus grande confiance en moi, pur le plus noble plaisir de tout mon être.

Jour 15

Choisissez-le meilleur

Je choisis tout ce qu'il y a de meilleur pour moi et pour ma famille. Je prends conscience que j'ai droit à ce qu'il y a de plus beau et de plus grand.

Comme je suis fréquemment libre d'entretenir les pensées que je veux, je prends le contrôle de mes pensées et de mes sentiments.

Je garde les meilleurs sentiments pour mes proches et j'élimine graduellement les mauvaises émotions qui m'envahissent.

Je fais toujours de meilleurs choix, chaque jour, afin d'améliorer la qualité de ma vie et celle de mes parents et amis.

Jour 16

Une attitude extraordinaire

J'adopte aujourd'hui une attitude mentale extraordinaire, c'est l'essentiel dans chaque sphère de ma vie afin d'atteindre un épanouissement total.

Quand je me retrouve dans une circonstance difficile, j'essaie simplement de comprendre la leçon que je dois tirer de cette expérience. De fait, lorsque je serai confronté au même défi, je saurai comment réagir.

En réalité, j'identifie qu'il n'y a pas de mauvaises situations dans la vie. Il y a seulement des épreuves qui me font découvrir mon vrai potentiel et renforcer mon attitude intérieure.

Jour 17

Le changement

Le changement est inévitable. C'est pour cette raison que je suis conscient de l'effort constant que je dois fournir pour améliorer mes qualités et mes talents.

Je ne refuse pas la transformation; je m'adapte et je deviens un maître créateur devant toute nouvelle situation qui se présente.

Quand je fais facilement face au nouveau, je connais une joie profonde qui devient contagieuse. Maintenant, le changement devient mon guide et mon ami pour toujours.

Jour 18

Votre mieux — être total

Mon emploi du temps devrait me permettre d'évoluer vers une plus grande compréhension du soi et du mieux-être total.

Chaque fois que je rencontre une nouvelle personne, j'essaie de lui faire sentir qu'elle est importante dans tout ce qu'elle est et je l'encourage à devenir bien avec elle-même, afin de lui faire découvrir son mieux-être total.

Si chaque individu cherche son mieux-être total, le monde entier changera totalement de visage.

Jour 19

Sentez-vous bien en tout temps.

Aujourd'hui, je me sens bien parce que je maîtrise mes émotions négatives et je mets du positif dans tout œ que je vois et ce que je ressens, et ce, à chaque seconde.

Je sais que ma santé à long terme s'améliorera si je tente de bien me sentir en toute circonstance.

J'évite le mauvais dialogue intérieur et les jugements envers moi-même et les autres. Je prends trois bonnes respirations quand un événement difficile se produit ou qu'une personne désagréable essaie de me détruire.

Je m'efforce de faire circuler dans mon sang l'essence de la sérénité et de la paix profonde.

Jour 20

Vos insuccès

Si j'ai connu des problèmes dans le passé, je ne me critique pas; j'essaie d'accepter sereinement ce qui est arrivé.

Je sais pertinemment que je perds mon temps à broyer du noir.

Je refuse de me plaindre et je m'éloigne de la frustration et de la facilité. J'analyse le tout froidement afin d'en tirer des conclusions positives. Je commence par un premier pas qui va renverser la tendance.

Si quelqu'un est malheureux à cause des difficultés de son passé, j'essaie de l'aider volontairement à voir le côté positif de ses expériences. Je deviens empathique dans ce qui lui est arrivé parce que j'ai moi-même compris la vraie leçon de mes propres échecs.

Jour 21

Tout est parfaitement ordonné

L'Univers est parfaitement ordonné : il n'y arrive rien pour rien. Je serai toujours récompensé pour la façon avec laquelle j'ai pensé et agi dans chacune de mes actions.

Si je veux participer au festin de la vie, je dois simplement augmenter ma dose de persévérance, de courage, d'amour et de compassion envers moi et les autres.

Donc, aujourd'hui, je décide de faire davantage dans tous les aspects de ma vie personnelle. Je mérite ce qu'il y a de meilleur et je donne ce qu'il y a de mieux en moi et aux autres.

Jour 22

Engagez — vous

Je signe un contrat avec moi-même pour toujours offrir une meilleure prestation, que ce soit dans le domaine personnel ou en affaires. Je m'estime comme quelqu'un d'unique qui peut faire une différence pour chacun.

Je m'assure que l'autre partie sera satisfaite du service que je lui rends. Je suis certain qu'à la fin de ma vie, j'aurai fait l'impossible et que mon passage sur cette terre aura été une réussite.

Je m'engage à me diriger plus loin avec le potentiel que je possède aujourd'hui.

Jour 23

Votre chance

Je bâtis ma chance par mon travail intérieur. Quand je me réalise toujours mieux intérieurement, je deviens tout simplement plus chanceux.

Je déploie des efforts pour générer une vie excitante sur tous les plans et je m'efforce de contribuer au bonheur et à la réussite d'autrui.

Je ne suis pas inquiet quand j'ai tout fait dans une journée pour la rendre extraordinaire. Je suis certain que la chance va venir vers moi.

Je garde la même discipline chaque jour pour entretenir le feu de la chance et la passion.

Jour 24

La planification

Quand j'établis mes projets à l'avance, je suis certain que les résultats seront percutants dans leur réalisation.

Je m'efforce de mieux prévoir tous les petits détails avant d'entreprendre une nouvelle affaire.

Je fais une chose à la fois et je récolte l'abondance en tout.

Si je suis insatisfait de ce que j'ai vécu jusqu'à présent, je regarde comment j'ai planifié certaines entreprises dans le passé pour identifier mes faiblesses.

Maintenant, je sais ce que j'ai à faire avant d'entamer tout nouveau projet.

Jour 25

La formation

J'étudie, car la connaissance est un outil indispensable à celui qui veut avancer vers les plus hauts sommets dans sa vie. Je n'oublie jamais que sans une formation adéquate, je continuerai à nager dans l'océan de la médiocrité. Je dois suivre l'exemple des meilleurs et des plus forts.

À partir d'aujourd'hui, je m'intéresse de plus en plus à ce que je fais et à ce que j'aime. Je désire me perfectionner afin d'être à la hauteur de mes aspirations les plus profondes.

Jour 26

Le temps

Il n'y a jamais assez de temps pour tout faire, mais il y a assez de moments pour accomplir les choses les plus importantes de ma vie, surtout celles qui ont tendance à me rendre heureux pendant que je les accomplis.

Je ne perds plus une seule seconde de mon temps pour des futilités de second ordre.

Aujourd'hui, je commence à utiliser mon temps pour les activités qui me combleront de bonheur.

Jour 27

La prise de décision

La prise de décision est un élément important dans la réussite d'une vie. Je réfléchis bien avant de prendre la décision elle-même, mais) e prends le risque de décider un jour ou l'autre.

Un mauvais choix n'est pas la fin du monde, c'est toujours mieux que de ne jamais décider.

Personne ne pourra trancher à ma place, car cela m'appartient, à part entière.

Les plus grands hommes ont pris d'importantes décisions. La plupart du temps, ils ont été récompensés pour leur audace et leur détermination.

Jour 28

Le génie

L'invention ou la création ne sont pas seulement réservées aux génies. Plusieurs se sont révélés dans un âge avancé, car personne ne les croyait auparavant.

Quand j'ai le début d'une idée ou que je commence quelque chose avec mes mains, je suis en train de créer sans le savoir. C'est en essayant plusieurs fois que je peux réussir et espérer devenir un génie.

Lancez-vous et vous vous transformerez en un maître créateur. N'ayez plus peur d'échouer. Pensez seulement à expérimenter de nouvelles choses, chaque jour, peu importe ce que l'on dit de vous.

Jour 29

La fidélité

Être flexible dans le monde moderne est l'une des plus grandes qualités que vous pouvez avoir.

Si vous employez la flexibilité, vous êtes exceptionnel à tout point de vue. Si vous êtes différent dans vos opinions, ne cherchez pas à toujours gagner votre point.

Essayez de respecter les autres par rapport à vos idées et vos comportements. En bout de compte, vous deviendrez une personne flexible.

Quand, la dernière fois, avez-vous dû être souple dans votre façon d'être? Avez-vous remarqué comment vous vous sentiez bien et libre par la suite?

Parfois, le gagnant est celui qui peut faire preuve de silence et de flexibilité.

Jour 30

La persistance

La persistance est une aptitude extraordinaire pour entreprendre n'importe quel projet... et pour le finir, évidemment.

La persistance en tout est une très grande qualité.

Prenez aujourd'hui la décision de persister malgré l'impossible. Vous serez éventuellement récompensé pour vos efforts.

Vous créez le succès sans le savoir quand vous utilisez la puissance de la persévérance.

Jour 31

La loi de l'intégrité

Être intègre avec soi-même... Voilà le défi de tout homme ou de toute femme être simplement plus honnête, plus juste et plus franc avec soi, et ce, en toute circonstance, c'est tout un défi à relever pour secouer son système de valeurs.

L'objectif est facile à exprimer, mais pas toujours souple à accomplir et à transposer dans notre quotidien. Vous connaissez des gens justes dans votre entourage? Soyez loyal envers eux et reconnaissez leurs vertus.

Ne cherchez pas à être parfait. Essayez de devenir meilleur, chaque jour, avec le principe de l'intégrité.

Répétez cette affirmation : « Je suis de plus en plus intègre avec ce que je dis et ce que je fais. »

Jour 32

Le moment parfait

Le temps où vous vous sentirez très bien et heureux est peut-être inaccessible pour l'instant parce que le temps parfait n'existe pas encore.

Il y a toujours quelque chose qui agace l'esprit, que ce soit à propos de l'argent, de la santé, des relations personnelles ou professionnelles ou du travail. Ne vous tourmentez pas jour et nuit : tout cela fait partie du labeur quotidien. Assumez seulement qui vous êtes actuellement et ce que vous souhaitez devenir.

Le meilleur principe pour faire naître cet instant magique consiste à vous accepter intégralement comme vous êtes dans le temps présent.

Persistez à vouloir évoluer vers un mieux-être total.

C'est de cette façon que vous parviendrez à créer les moments les plus excitants et les plus parfaits.

Jour 33

Une enfance joyeuse

Beaucoup de gens sont insatisfaits d'une partie ou de toute leur jeunesse, que ce soit à cause d'un milieu difficile, parce qu'ils n'ont pu être à la hauteur d'une situation ou n'ont pas reçu ce dont ils avaient besoin. Il existe des blessures profondes qui peuvent être résolues avec l'aide d'une bonne volonté et de l'esprit.

Voici un exemple de cheminement. En quelques minutes, vous pouvez revivre votre enfance dans votre tête, en débutant par votre naissance jusqu'à aujourd'hui, mais en visualisant les images de façon positive.

Imaginez une caméra qui filme votre vie et évoquez la scène d'une manière très différente de celle que vous l'avez vécue. Vous ne vous sentiez pas à la hauteur? Eh bien, voyez-vous justement à la hauteur, avec du succès. Tout se déroulera bien, exactement comme vous l'auriez voulu. Si vous faites cet exercice de temps à autre, vous commencerez à changer votre être profond et à devenir de plus en plus épanoui. En plus, c'est gratuit...

Jour 34

Votre jardin intérieur

Votre esprit est comme un jardin; il s'agit de mieux cultiver ce que vous possédez entre vos deux oreilles. Personne ne peut faire ce travail à votre place.

Les bonnes pensées donnent de bons résultats et les mauvaises nuisent justement aux bonnes. Le soir, regardez comment vous auriez pu penser autrement dans un événement survenu pendant la journée. Comment auriez-vous pu réagir?

Le jardin de votre esprit est vaste. Sachez le nettoyer de temps à autre pour que les réflexions joyeuses dominent sur les ténébreuses.

Jour 35

Vivez dans la joie

Qui ne rêve pas de joie de vivre? La joie de vivre est un idéal réalisable. En effet, quand une personne se concentre sur le moment présent, tout devient possible, car elle peut commencer à se réaliser pleinement dans l'allégresse.

C'est de cette façon que nous pouvons espérer demeurer dans la gaieté en permanence. Au début, il faut vraiment focaliser sur ce que nous pouvons faire de mieux maintenant pour maximiser notre potentiel.

Si vous n'êtes pas heureux, n'oubliez pas que vous êtes près du but pour parvenir à la joie. Effacez le passé et les vieilles pensées qui ont détruit et qui ruinent encore votre vie. Construisez votre futur en mettant toute votre énergie dans le présent.

Répétez ceci chaque jour : « Aujourd'hui, je choisis la joie d'être.

Jour 36

Visualisez le meilleur

Visualisez votre vie en entier; n'ayez pas peur de voir le meilleur pour vous et vos proches. Pour débuter, prenez une feuille de papier et faites un dessin illustrant ce que pourrait être votre existence.

Osez croire à l'excellence et à la chance! Vous ne regretterez jamais de faire un simple pas chaque jour vers ce que vous désirez vraiment dans la vie. Tout cela dictera votre comportement et vous aurez peine à imaginer où cela vous mènera dans quelques années.

Dites-vous : « J'aime ma vie et je m'attends au meilleur.

Jour 37

La pratique

Peu importe ce que vous faites dans votre vie, continuez de le pratiquer chaque jour. Les athlètes de haut niveau ont compris la leçon : ils ne cessent d'aimer leur sport pour s'améliorer, et ce, quotidiennement.

Quand vous faites la connaissance de gens qui ont obtenu le succès, vous découvrez qu'ils ont persisté à grandir avec leur profession. Ils ont simplement décidé un jour d'expérimenter l'amour avec ce qu'ils faisaient.

Comme le bonheur et le succès, tout est une question de pratique. Plus vous pensez et agissez dans ce sens, moins vous rencontrerez d'embûches pour vous arrêter... si vous êtes vraiment déterminé et convaincu à suivre le rythme.

Répétez ceci : « Je pratique chaque jour ce que j'aime faire. »

Jour 38

La qualité de l'amour

Plus vous mettez de tolérance dans vos relations, plus vous augmentez la qualité de votre amour. Rien n'arrive pour rien. Vous devez penser à long terme dans vos rapports interpersonnels : c'est ce qui fera la beauté de votre vie.

Quand je rencontre des couples qui sont mariés depuis de nombreuses années, je pense qu'ils doivent avoir mis cet ingrédient essentiel qu'est la patience afin d'entretenir leur amour.

Sans gentillesse, la qualité de votre amour sera toujours faible et ne durera pas. Il faut parfois être prêt à souffrir un peu. Le chemin du cœur est exigeant malgré nous.

Jour 39

Exprimer l'amour

Embrassez-vous, riez, dansez, lancez des cris de joie, n'ayez pas peur d'exprimer l'amour en toute circonstance et en tout lieu.

Les chanteurs manifestent souvent l'expression du cœur dans leurs chansons et ils connaissent un succès international. Le monde a besoin d'amour et rien n'existerait sans amour.

Dès que l'occasion se présente, ne craignez pas d'oser proclamer vos sentiments. C'est ce qui change l'âme des gens; personne ne peut rester insensible aux joies de l'amour.

Jour 40

L'amour en abondance

L'amour est abondant et contagieux. Il jaillit comme les eaux d'une rivière, d'un fleuve et même d'un océan. En fait, plus vous aimez et plus votre amour augmente envers la vie.

Vous avez dans le cœur l'amour en profusion. Il ne vous reste qu'à manifester haut et fort. Le monde a besoin de votre voix pour transmettre l'abondance de l'amour.

Ne réprimez jamais vos sentiments d'affection envers quelqu'un : vous pourriez le regretter amèrement. La vie est trop courte pour ne pas exprimer ce noble sentiment.

Jour 41

L'amour ne juge pas

Le traitement le plus royal que vous pouvez réserver à une personne est de l'aimer et de l'accepter comme elle est, sans jamais tenter de la changer. Vous vivrez ainsi dans la sagesse des dieux.

Évitez de juger les situations ou les individus même s'il est souvent facile de le faire. Tout le monde a le droit d'être différent et d'être respecté. Vous aurez l'esprit dans la joie si vous ne condamnez pas.

Vous serez vraiment heureux dans votre cœur si vous parvenez à aimer malgré les apparences et la réputation d'une personne. Malgré notre rang social ou familial, nous sommes tous coupables de quelque chose dans notre vie. Alors, comment se permettre de critiquer les autres?

Jour 42

L'amour des mères

Souhaitez l'amour à toutes les mères de la Terre parce que sans elles, nous n'aurions pas d'enfants, donc personne à aimer.

Si vous aimez votre maman juste un peu, il vous sera facile de vous aimer vous-même. N'ayez pas peur de l'honorer, peu importe la façon dont votre mère a agi. Ce qui est important, c'est d'apprécier sans juger la personne qui vous a donné naissance et qui vous a donné la chance de connaître ce monde.

Dites-lui merci, de tout votre cœur, même si elle ne peut l'entendre de votre voix, qu'elle soit morte ou vivante.

Imaginez dans votre esprit que vous êtes en train de lui exprimer vos sentiments les plus tendres.

Le plus beau cadeau, c'est d'avoir ces mères qui ont fondé et qui conçoivent encore des familles, créant ainsi des liens sociaux. Mais c'est également et sur tout pour les valeurs et l'amour qu'elles ont transmis à leurs enfants.

Jour 43

Aimez les bons amis

Les bons amis ne se comptent pas par centaines ni même par dizaines. Si vous en avez un seul, c'est merveilleux. Dites-lui seulement que vous l'aimez, c'est tout.

Un ami sur qui vous pouvez croire en tout temps, c'est le plus beau cadeau que l'Univers peut vous donner. Faites tout pour entretenir un lien à long terme avec cette personne.

Un jour, j'ai lu un livre qui a transformé ma vie. L'écrivain est quelqu'un d'exceptionnel qui a écrit de nombreux volumes. Un jour, j'ai pris mon automobile et j'ai parcouru mille kilomètres pour me rendre à Boston pour lui rendre visite. Je voulais lui dire qu'il avait changé ma vie. Je lui ai serré la main et je lui ai dit que je l'aimais énormément. Avec le temps, cet homme est devenu mon meilleur mentor et mon guide spirituel. Je vous souhaite de tout cœur de vivre cette expérience au moins une fois dans votre vie.

Jour 44

Choisissez l'amour

L'une des premières valeurs à véhiculer dans la vie devrait être l'amour. N'ayez pas peur de dire aux autres que vous les aimez et que vous les appréciez; vous vivrez vraiment heureux, libéré de toute angoisse, pour le reste de votre vie.

L'amour est un moteur d'énergie extraordinaire. Si vous êtes capable d'en vivre pendant toute la journée, vous serez béni des dieux. Rien n'arrive avec cette euphorie intérieure qu'est l'amour. Même la meilleure drogue ne vous fera pas sentir le centième de cette émotion.

L'amour n'est rien d'autre que l'excellence des sentiments que vous pouvez véhiculer dans votre quotidien. Les gens qui vous côtoient le ressentent bien et vous vous démarquerez rapidement comme étant quelqu'un d'exceptionnel.

Jour 45

Tomber en amour

Quand vous avez l'amour dans votre vie, il n'y a rien de plus vrai et vous devez en savourer chaque seconde.

Tomber en amour ne signifie pas toujours être en adoration avec une autre personne. Ce peut être avec son travail, son sport favori, sa santé, son animal de compagnie, un passe-temps... ou avec soi. En résumé, il y a beaucoup de possibilités avec qui ou avec quoi on tombe en amour : tout est une question d'imagination.

Le plus important dans cette aventure, c'est de vivre la passion avec soi. Si vous devenez en amour avec votre Moi profond, vous changerez complètement le visage de votre vie et vous aimerez les autres davantage.

Jour 46

L'amour de la nature

Aimez la nature qui vous nourrit, qui vous fait respirer et qui vous aide dans tous les sens. En effet, nous oublions que la nature est notre vraie mère, tant physique que spirituelle.

Les hommes doivent reconnaître la création et ses valeurs. Combien de gens détruisent la nature sans s'en rendre compte? Les grosses sociétés industrialisées doivent tout faire pour préserver l'environnement nature qui a contribué à toutes les richesses que nous possédons.

Si le monde a évolué sur le plan de la technologie, c'est en partie grâce à l'écosystème et ses éléments tels que le fer, l'or et tous les minéraux, de même que le bois et les fossiles. Nous devons protéger tout cela, sans exception, pour les générations à venir.

Jour 47

Le panier de l'amour.

Il existe le panier de fruits frais qui nous remplit de bonheur quand nous le recevons en cadeau lors de certains événements de notre vie. Il se retrouve également le vase de fleurs fraîchement cueillies qui fait notre joie en tout temps.

Mais il y a aussi le panier de l'humanité, qui consiste à toujours vouloir améliorer les relations entre hommes et femmes, et ce, en ajoutant notre propre amour tous les jours de la vie.

Jour 48

L'amour d'aujourd'hui

Le plus beau jour de votre vie n'est pas hier ni demain, c'est aujourd'hui. Cet aujourd'hui qui est vécu dans un amour inconditionnel de tous les instants.

La chance est-elle avec vous en ce jour? Vous pouvez courir de tout côté pendant plusieurs années pour la découvrir, sans résultat. Le jour où vous constaterez que tout se crée dans le moment présent, vous transporterez tout votre Être et votre vie vers un amour total.

Vous réaliserez la chance quand vous manifesterez tout votre amour au présent afin de construire votre destin.

Jour 49

Le soleil et l'amour.

Chaque jour, le Soleil se lève pour faire pousser les fleurs et les légumes des jardins, pour faire croître les arbres de toutes les forêts de la Terre, mais également pour accroître l'amour en vous.

Par votre douceur, votre gentillesse, votre bonté, votre générosité, votre tendresse, votre affection et votre dévotion, vous devenez le soleil quotidien pour bien des cœurs en manque d'amour.

Quand vous réussissez à démontrer tout cela dans une journée, peu importe qu'il neige, qu'il pleuve ou que le temps soit gris, vous réalisez votre propre soleil pour vous et pour les autres.

Jour 50

L'amour est le maître

Vous pouvez avoir un ou plusieurs maîtres. Nous retrouvons le maître du mensonge, le maître de l'argent, le maître du sexe, celui de la jalousie ainsi que celui de la gourmandise.

Mais sachez qu'il existe un plus grand guide que tous ceux-là : c'est celui de l'amour. Quand vous présentez tous vos bons côtés, vous devenez le maître de l'amour. Alors, on ne vous remarquera plus pour ce que vous avez fait, mais bien pour ce que vous êtes.

Même, les plus puissants et les plus riches de la Terre n'arriveront jamais à se faire aimer s'ils ne démontrent aucune qualité de cœur. Leur avenir est tout simplement compromis. Rien n'est plus essentiel que le maître de l'amour.

Jour 51

Les cadeaux et l'amour

Vous pouvez combler les personnes autour de vous de cadeaux et de surprises de toutes sortes, leur dire les plus grandes paroles et leur donner les plus belles fleurs, rien ne remplacera la présence et l'attention que vous leur porterez.

Le plus merveilleux présent que vous pouvez faire à quelqu'un, c'est simplement de lui dire que vous l'aimez, sincèrement, dès que l'occasion se présente.

L'autre don spirituel est de lui dire que vous prierez pour lui et que vous allez lui transmettre vos meilleures pensées.

En résumé, le côté matériel vous aidera, mais il ne remplacera jamais l'amour sincère envers autrui.

Jour 52

Le travail et l'amour

Vous avez beau avoir le meilleur et le plus payant des emplois, tout devient insignifiant si vous ne le faites que par obligation.

Malheureusement, beaucoup de gens besognent en y retirant peu de plaisir. Ils n'aiment pas ce qu'ils font et vont travailler chaque jour à reculons. Ils préféreraient probablement faire autre chose ou carrément rester à la maison.

À partir de maintenant, cherchez des motivations intérieures qui vous aideront à réussir votre journée de huit heures. Mettez de l'amour dans ce que vous faites, découvrez un objectif ou un idéal d'avancement dans votre profession. Si vous ne trouvez rien d'intéressant après un certain temps, prenez la décision de changer complètement de travail, car votre santé physique et morale pourrait en souffrir un jour ou l'autre.

Jour 53

L'amour est la plus grande découverte.

Comme la plupart des gens, nous poursuivons à nous valoriser dans l'affectivité des autres, dans le monde de l'argent, dans l'univers des espoirs, celui de la rêvasserie. En résumé, dans toutes sortes d'expériences qui peuvent nous satisfaire un certain temps, mais qui ne durent pas.

Durant plusieurs années, vous ne saviez pas vraiment où vous en étiez avec vous-même, vous cherchiez un sens à votre vie... Vous avez finalement trouvé quelque chose de magique et c'était dans le monde de l'amour.

Vous savez que vous pouvez être heureux maintenant que vous avez découvert l'essentiel.

Jour 54

L'amour, c'est gratuit

Il y a la fête de l'amour à la Saint-Valentin, la célébration de Noël avec votre famille, les anniversaires de naissance, la fête des Travailleurs, etc. ce sont tous des moments pour se réjouir, mais qui sont de courtes durées, qui ne durent qu'une journée.

Vous pouvez dépenser des fortunes pour trouver le plaisir et rester continuellement sur votre « appétit ».

Dans le monde matériel, tout reste à recommencer indéfiniment.

Un jour, vous serez en mesure de vous rendre compte qu'aimer les autres et s'aimer soi-même, ça peut se poursuivre toute l'année et même la vie. La quête spirituelle vous offre mille fois plus de possibilités, sans que vous ayez à investir un seul sou.

Jour 55

L'amour n'a pas d'âge

Vous pouvez vous mettre au défi de découvrir quelque chose dans votre vie qui n'a pas de mode ni d'âge, mais vous trouverez très peu de réponses et vous chercherez très longtemps.

Réfléchissez à ceci malgré les différences de mentalité et entre les générations, vous pouvez aimer votre mère, votre grand-mère, votre grand-père, votre oncle, etc. Même s'ils ne pensent pas comme vous, qu'ils sont très âgés ou qu'ils ne suivent pas la mode, ils ont droit à votre amour.

Même si c'est parfois difficile, ne vous empêchez pas d'exprimer votre amour à quelqu'un. Si vous parvenez à ce tour de force, vous vivrez la paix et la grande liberté intérieures.

Jour 56

Partagez tout, même l'amour.

Vous pouvez partager votre vie, votre voiture, votre lit, votre appartement, votre chalet, votre moto, votre ami, votre conjoint, votre maison... C'est très généreux de votre part et on vous appréciera beaucoup.

La différence entre les autres et vous se fait quand vous devenez capable de distribuer la bonté qu'il y a dans votre cœur avec autrui. Là, on vous remarquera pour toujours.

Le partage de l'amour est le plus beau geste que Dieu a pu offrir en cadeau à toute l'humanité. Si vous réussissez à faire de même, vous ferez partie de la famille et de la fête de l'Univers.

Jour 57

L'amour fortifie les liens.

Quand l'amour est bien exprimé, il unifie les couples, les meilleurs amis, les travailleurs et les employeurs. Il unit tout le monde, malgré les différences.

L'amour peut également contribuer à renouveler les relations entre pays, nations, chefs d'État et tous les dirigeants politiques et religieux.

Pourquoi la société moderne n'utilise-t-elle pas davantage cette grande puissance de l'Univers afin de soigner les blessures de l'humanité?

Jour 58

L'amour et vos enfants

Que ce soit la naissance de votre premier ou de votre cinquième enfant, vous êtes émerveillé du trésor que vous avez conçu. Vous vous en occupez pour qu'il n'ait pas froid et vous le nourrissez de tout votre être et de toute votre âme pour le chérir et lui apporter l'amour dont il a besoin.

Le fruit grandit, sa personnalité prend forme et vous êtes préoccupé, car vous voulez qu'il avance bien dans la vie. Mais un jour, vous êtes déçu et vous vous éloignez de lui de cœur et d'esprit parce qu'il pense d'une façon opposée de vous.

Gardez toujours en tête qu'il est le Trésor de votre existence et que vous l'avez conçu pour le meilleur et pour le pire. La seule différence, c'est qu'en vieillissant, il a besoin encore plus de votre attention et de votre amour, même s'il est différent de vous et qu'il est devenu plus mature.

Jour 59

L'amour ne vous oublie pas.

Vous pouvez oublier et cracher sur vos parents, vos amis ou vos passions, perdre complètement la tête et vous moquez de tout. Il est vrai que c'est toujours votre libre arbitre qui décide.

Malheureusement, dans votre faiblesse, l'amour reviendra frapper à votre porte et vous aurez à nouveau la possibilité d'ouvrir la porte de votre cœur. C'est vous qui déterminerez ce qu'il faut faire et personne d'autre.

Comme vous le voyez, peu importe ce que vous dites ou faites, l'amour sera au rendez-vous le jour où vous jugerez de laisser entrer la lumière dans votre âme. Votre vie intérieure se transformera vers un mieux-être total.

Jour 60

L'amour partout

Vous voulez vraiment avoir de l'énergie et être heureux? Alors, voyez, sentez et engagez-vous avec amour en tout temps et en tout lieu. Vous vivrez ainsi une passion éternelle.

Si vous pensez et méditez en terme d'amour, vous ne serez jamais pris au dépourvu. Vous aurez la meilleure arme pour combattre et vous précéderez la victoire.

Malheureusement, personne ne vous dira d'agir comme tel, mais que voulez-vous? Tant que le monde ne désirera pas se transporter vers l'amour universel, vous aurez l'impression de marcher sur un sentier à l'écart de celui des autres, mais ça vaut tout de même le coût de vivre cet amour vous ne le regretterez jamais.

Jour 61

La force d'être vous-même.

Être vous-même ne signifie rien d'autre qu'être authentique en tout, ce qui comprend par exemple la franchise et l'intégrité avec son être intérieur.

Et cela, malgré le stress et les exigences du monde moderne qui ne prône que la réussite matérielle, parfois même à vos dépens. Essayez simplement d'avoir le goût d'être vous-même et de dire non aux conseils qui peuvent être contraires à ce que voulez vraiment

Ne craignez pas de rester à l'écoute de vos émotions et de votre vraie personnalité. Vous allez ainsi exprimer votre potentiel et vos talents naturels qui ne cherchent qu'à être extériorisés, et ce, pour votre plus grand bonheur et celui des autres.

Jour 62

Adhérez au monde des gagnants.

Évitez d'avoir une image commune des gagnants dans la société, c'est-à-dire de vous fier à l'aspect extérieur des gens, par exemple leur façon de se vêtir, leur voiture, leur maison. Malheureusement, rien de tout cela ne fait d'eux de vrais gagnants, malgré ce que le monde peut en penser.

Un vrai vainqueur est quelqu'un qui illustre beaucoup d'intérêt dans tout ce qu'il fait et tout ce qu'il est. A long terme, il devient un champion, car il démontre du courage et de la détermination, même si des obstacles se dressent devant lui.

Vous pouvez être un gagnant si vous poursuivez une amélioration de votre attitude intérieure, et ce, en ayant des pensées positives et enthousiastes pour vous et les autres. Voyez la vie comme un jeu. Il y a des hauts et des bas, mais vous devez toujours être prêt à vous améliorer malgré l'adversité.

Jour 63

Gardez votre motivation

La motivation est un facteur important pour parvenir « à quelque chose dans la vie. Certaines personnes abandonnent parfois leurs projets parce qu'elles ne trouvent plus la motivation extérieure.

Votre vraie excitation ne viendra jamais de l'extérieur, mais plutôt de votre force intérieure, par exemple, l'amour ou une mission de vie que vous vous donnez comme but, mais seulement pour les motifs de la passion. C'est ce qui vous accordera l'énergie nécessaire pour continuer.

Croyez en vous et pensez toujours que vous êtes capable de terminer ce fameux projet malgré toutes les embûches que vous rencontrerez sur votre chemin. Vous êtes supérieur à ce que vous estimez. Avancez et foncez; vous êtes le maître de votre destin.

Jour 64

Votre flexibilité

Voici l'une des plus grandes qualités qu'un être humain peut posséder : la flexibilité. Si vous ne l'avez pas, faites tout pour l'apprivoiser, car elle vous apportera le bonheur.

Lorsqu'on dit qu'une personne est flexible, on parle de son aptitude à s'adapter à toute situation, de sa capacité à changer d'idée quand c'est nécessaire. Pour atteindre son but, elle doit être disposée à prendre un temps d'arrêt dans ce qu'elle fait actuellement pour pouvoir recommencer plus fort dans un nouveau projet.

Si quelqu'un vient vous offrir une avenue différente et que vous refusez son aide parce que vous pensez différemment, c'est votre droit. Mais attention! Réfléchissez bien, car il pourrait être dans votre intérêt de rester à l'écoute des autres dans certaines décisions importantes

Jour 65

La communication

Réussir, c'est mieux communiquer à chaque instant, c'est transmettre clairement ses idées aux autres. Évidemment, être agréable demande une grande sensibilité et une attention de tous les instants.

La meilleure recette pour bien échanger est de rester à l'écoute du prochain. Cela veut dire aimer, accepter les autres sans jugement, tels qu'ils sont, éviter d'interrompre la personne qui parle avec vous.

Si vous êtes en groupe, vous serez écouté quand vous prendrez la parole... si vous avez écouté auparavant.

Communiquer, ça ne signifie pas de toujours discuter, mais plutôt de se montrer sur notre grand jour. Par exemple, votre attitude non verbale vaudra pour 70 % de la conversation si vous avez des demandes à faire à un ami ou à votre dirigeant. Comme dans le cadre d'une entrevue avec un éventuel employeur, tous vos gestes et paroles compteront à 100 %. Gardez un sourire sincère en tout temps : c'est très révélateur de votre personnalité.

Jour 66

Votre vision

Quelle est la vision globale que vous avez de votre vie? Comment désirez-vous qu'elle devienne? Vivre de façon excitante et palpitante, c'est ce qui est merveilleux. Oui, vous pouvez choisir aujourd'hui votre propre image de votre vie.

Ayez constamment à l'esprit tous les projets que vous souhaitez accomplir, qu'ils soient réalistes ou non réalisables. Cela importe peu! Ce qui compte, c'est votre détermination à garder une belle vision de ce que vous voulez. Après quelque temps, vous serez surpris de voir comment votre existence a changé.

Quand un enfant réclame quelque chose ou qu'il a un plan en tête, il ne tarde pas à demander à son père et sa mère. Il insiste, il crie, il parle, il essaie plusieurs fois. Il est persévérant, tenace, tannant et un jour, ses parents craquent sous la pression et il obtient ce qu'il avait comme désir.

Une fois adultes, nous cessons de croire et d'implorer. La vie attend pourtant votre demande depuis longtemps. Agissez aujourd'hui pour vous bâtir un futur meilleur.

Jour 67

Vivez comme si c'était le dernier jour de votre vie.

Imaginez comment serait votre vie si chaque jour était le dernier jour de votre vie. Premièrement, vous voudriez tout faire pour qu'il soit le meilleur.

La première chose serait de penser à être heureux au maximum et d'accomplir vos rêves.

Deuxièmement, vous appelleriez vos amis et tous ceux qui vous ont aidé afin de leur mentionner que vous les aimez profondément.

À partir d'aujourd'hui, ne regrettez plus rien. Agissez, faites-vous plaisir et appréciez tous les moments qui se présentent. Ne gaspillez plus de temps pour tout ce que vous ne pouvez changer ou que vous n'aimez pas. C'est seulement en vivant comme si c'était les dernières heures de votre vie que vous pourrez enfin dire « j'aime vraiment la vie ».

Jour 68

Cessez de toujours remettre au lendemain

Plusieurs personnes prennent plaisir à exprimer : « Je vais faire ça demain », « Ah! Ce n'est pas grave! Ça peut attendre! », « Ça ne me tente pas! Parle-moi de ça un autre jour! » Avec comme résultat une perte de temps. Ils regrettent ensuite de ne pas avoir agi quand c'était le moment. C'est du potentiel humain gaspillé et du temps précieux perdu.

Mettez-vous en mode « urgence »! En résumé, tout ce que vous pouvez faire maintenant, faites-le sans tarder. Imaginez que la plus grande fête de votre vie a lieu aujourd'hui et non demain. Pensez à l'enfant : ce qu'il exige, il veut ça immédiatement, pas un autre jour. Il dit souvent : « Ça ne me tentera pas de faire ça demain! C'est maintenant, Papa. »

C'est à ce stade que nous faisons une différence entre le fort et le faible. Le gagnant va réussir ou accomplir quelque chose maintenant, tandis que le médiocre pense à autre chose et remet toujours le projet. Alors, choisissez entre vivre dans la force ou dans la faiblesse.

Jour 69

L'organisation

Accordez plus de temps aux activités prioritaires et devenez plus productif. Que vous soyez représentant, entrepreneur ou une personne à la maison, placez votre temps dans les tâches qui doivent être faites en premier.

Utilisez une liste de tâches à faire et commencez par les plus urgentes. Chaque soir, identifiez les corvées de premier plan pour le lendemain. Vous serez surpris de la vitesse à laquelle vous sauverez du temps pour faire autre chose de plus agréable

organiser veut également dire être discipliné en fait, si vous pouvez vous engager à faire un ouvrage prioritaire chaque jour, vous gagnerez sur toute la ligne parce que vous vous responsabiliserez. Et c'est ce qui fait la différence.

Jour 70

La fidélité

Personne ne veut entendre ce mot : fidélité. Il dérange beaucoup. Par contre, si une personne veut être exceptionnelle, elle doit rester fidèle à ses choix.

À court terme, nous ne percevons pas la différence quand, par exemple, nous commençons un autre travail ou nous rencontrons une nouvelle personne. Il nous vient à l'esprit de changer de cap dès que nous nous heurtons à une première difficulté. Mais avec le temps, si nous persévérons malgré tous les problèmes, nous finissons par voir le fruit de nos efforts et de nos actions.

Cela dit, si vous ne réussissez pas à parvenir au bonheur malgré votre bon vouloir, repensez à vos choix pour faire autre chose. La fidélité, ce n'est pas être un esclave, c'est plutôt être fidèle à soi-même et à sa voix intérieure afin de devenir libre de toute emprise qui conduirait à la maladie ou la dépression.

Jour 71

Votre monde extérieur reflète votre monde intérieur

Que vous le réalisiez ou non, vous devenez à long terme ce que vous pensez intérieurement et rien de plus. Bref, vous attirez à vous toutes les circonstances favorables ou défavorables selon ce que vous entretenez comme pensées.

Quand vous parlez ou même émettez des pensées négatives, que ce soit envers vous ou les autres, vous attirez à vous les personnes et les manifestations qui sont en harmonie avec, ces mêmes pensées. C'est ce que nous appelons « la loi de l'attraction » ou « la loi de cause à effet ». C'est pour cette raison que la société projette plus facilement le côté ténébreux que le côté positif.

L'objectif est de faire attention et de laisser place à des réflexions joyeuses. Vous aurez en retour une récolte intérieure beaucoup plus grande pour enfin vous sentir véritablement heureux. Il vaut vraiment la peine d'investir dans le monde du positif. Dieu est neutre et il attend uniquement que vous ouvriez votre cœur pour créer un environnement meilleur. Il n'en qu'a vous de choisir ce qui peut devenir agréable pour vous.

Jour 72

Acceptez votre pleine responsabilité

Sortez du monde des excuses et de la justification pour tout ce qui vous arrive dans la vie. On reconnaît une excellente personne quand elle a la capacité d'avouer qu'elle s'est trompée. Évitez de dire « c'est à cause de ça », « c'est à cause de lui », « je n'étais pas là », « je n'étais pas prêt », etc.

Si vous décidez maintenant d'admettre que vous êtes responsable des résultats que vous atteignez dans votre vie, vous deviendrez libre et affranchi.

C'est à cette condition que vous évoluerez vers quelqu'un de vraiment efficace et productif. Vous deviendrez le maître créateur de votre vie dans tous les aspects.

Évidemment, être responsable ne signifie pas se sentir coupable, mais plutôt de vivre comme une personne qui prend sa vie en main et qui ne regrette rien de son vécu. Une personne qui envisage le passé comme une succession d'expériences et une évolution personnelle finira en beauté sa vie.

C'est ici que vous rencontrez la chance dans votre existence parce que vous accomplirez des choses extraordinaires. En acceptant la responsabilité pour vos succès et vos échecs, vous deviendrez vraiment intérieurement.

Jour 73

La personne unique, c'est vous.

Réfléchissez à ceci : il n'y a personne exactement comme vous dans l'Univers. Vous êtes plus qu'un mouton dans un troupeau; vous avez en vous la clef secrète pour réaliser ce que vous voulez; vous avez un esprit différent et un corps unique qui est plein de ressources pour servir le monde; tout est un don et vous êtes un cadeau de la vie... Vous n'avez qu'à utiliser tout ce potentiel latent.

Imaginez qu'aujourd'hui, vous pouvez employer cent pour cent de votre richesse intérieure. Que se passerait-il avec votre vie et celle des autres? Si vous aviez accès à ce potentiel, vous deviendriez totalement distinct de ce que vous êtes actuellement. Tout serait extraordinaire. Oui, c'est possible en identifiant que vous êtes une personne unique.

Personne ne vous le dit et la société ignore que vous avez un potentiel caché. Demandez-vous alors : « Qui suis-je? » « Qu'est-ce que je veux réaliser dans ma vie? » Croyez en vous et en votre potentiel inconnu d'intelligence qui n'attend que vous pour déclencher ce processus d'abondance et de bonheur.

Jour 74

Personne ne peut vous sauver, sauf vous.

Si vous connaissez des difficultés, aimez-vous d'abord et laissez travailler votre imagination pour vous sortir de l'impasse. Vous êtes le mieux placé pour vous dégager d'une situation problématique. Bien sûr, les autres peuvent également vous aider, mais c'est vous qui savez le code secret qui vous convient. Les sauveurs et les héros n'existent qu'à la télévision.

Les religions ou les sectes de toutes sortes, les charlatans, les faux prophètes ne sont souvent que des gens qui vous offrent des solutions pour vous sauver.

En fait, ils sont surtout intéressés à avoir le contrôle de votre individu et de votre portefeuille : soyez vigilant.

En réalité, ils sont incapables de vous rendre vraiment heureux. La personne qui vous aidera, c'est celle qui sera pour vous un leader, un ami ou un guide spirituel. Elle saura vous guider de façon neutre, sans manipulation, sans intérêt personnel. Elle vous respectera toujours dans vos choix, sans vous juger, vous laissera évoluer selon votre personnalité et votre propre rythme, et ne vous demandera rien en retour.

Lisez de bons livres et allez écouter les meilleurs conférenciers sur la croissance personnelle. Je vous garantis que vous trouverez réponse à vos interrogations.

Jour 75

Gardez le feu de la passion

La passion est le feu sacré nécessaire pour avancer vers un mieux-être total. Avez-vous une flamme? Sinon, regardez en vous et identifiez les choses que vous aimez vraiment dans la vie. C'est le premier chemin vers une meilleure destinée.

Les gens passionnés sont souvent reconnus tout simplement parce qu'ils réussissent à exceller dans quelque chose de particulier. Par exemple un athlète, un entrepreneur, un acteur ou un travailleur honnête qui se démarque dans son métier. La passion se voit sur leur visage et dans leur comportement. Ils ont réussi à identifier quelque chose qu'ils aiment vraiment faire et ils le communiquent aux autres de façon remarquable.

Une ferveur pour quelque chose peut vous garder heureux et en bonne santé. En fait, quand vous êtes passionné, vous avez toujours un but en tête qui vous aidera à atteindre vos objectifs de vie.

Par exemple, les gens qui adorent voyager font tout pour visiter de nouveaux pays et après un certain temps, ils ont fait le tour du monde, connaissant plusieurs cultures et partagent facilement leurs connaissances et leur bonheur. Ils ont accompli quelque chose de grand parce qu'ils étaient intéressés.

Identifiez une passion et passez à l'action : vous transmettrez la joie aux autres et vous réaliserez tout votre potentiel.

Jour 76

Créer votre mission personnelle.

Une fois que vous avez identifié la mission de votre vie, vous pouvez vous baser sur un slogan ou une phrase pour vous guider chaque jour dans vos comportements avec vous et les autres. Ce peut être une valeur, comme le respect, ou toute autre chose de positif qui vous orientera et vous donnera une façon de faire et d'être.

Par exemple, quand vous serez au travail ou avec votre famille, votre esprit vous dictera comment agir automatiquement et vous deviendrez plus enthousiaste chaque jour. Toutes les importantes sociétés et les grands hommes se sont dotés d'une mission et essayent de la mettre en application le plus possible.

S'ils réussissent à la respecter fidèlement, ils obtiennent des résultats exceptionnels à tous les niveaux.

Jour 77

Votre diète mentale

Qui nourrit votre esprit dans la vie? Il y a évidemment la nourriture qui vous fait vivre jusqu'au prochain repas... Mais qu'en est-il de la personne ou du média qui vous guide dans la vie? Que vous acceptiez ou non, tout ce qui vous entoure guidera votre façon d'agir et de penser.

Dans cette ère moderne, il y a de plus en plus de gens qui vous dictent quoi faire et quoi acheter. Plusieurs ne sont pas intéressés par votre bonheur, ce qu'ils veulent, c'est votre attention pour augmenter leurs statistiques d'écoute et leur popularité. Tout peut influencer votre vie jusqu'à la détruire. Prenez garde à ce que vous laissez entrer dans votre esprit.

Vous êtes capable dès aujourd'hui d'améliorer la qualité de votre diète mentale à condition que vous le désiriez. Comment? Il s'agit de choisir et de sélectionner parmi toutes les possibilités positives que vous offrent les médias et la publicité.

En effet, il existe des émissions qui parlent du bonheur et de la santé. Par contre, si vous n'écoutez que le négatif des informations, vous êtes certain d'augmenter votre négativisme, votre conformisme, votre morosité et votre misère.

Comme vous pouvez le voir, on retrouve de tout dans le buffet de la communication. Soyez simplement plus sélectif pour enrichir votre régime mental avec du positif.

Jour 78

Votre croissance personnelle

Visez la croissance, cherchez à obtenir les meilleurs résultats et à vous perfectionner dans ce que vous aimez faire. C'est ainsi que vous vous dépasserez chaque jour afin de vous diriger vers un mieux-être total.

Établissez un plan de carrière ou de vie qui contient des dates précises d'atteinte de vos objectifs. Prenez plaisir à vous propulser en avant. Optimisez votre potentiel de réalisation et de créativité dans tout ce que vous faites.

Allez-y à votre rythme même si le standard de vie ou la norme demande davantage. C'est vous qui décidez! Votre corps n'est pas une machine. Vous devez vous accorder des vacances, du repos physique et de la détente mentale. C'est nécessaire si vous voulez garder vos capacités en prenant de l'âge.

Jour 79

La ponctualité

Intégrez la ponctualité dans votre vie comme une valeur véritable. La plupart des gens n'aiment pas patienter lorsqu'ils ont rendez-vous. Si vous êtes organisé et que vous arrivez à l'heure quand on vous attend, vous serez reconnu comme quelqu'un d'intègre.

L'assiduité est une marque de respect envers soi-même et les autres. Il n'y pas d'excuse ni de justification acceptable pour arriver en retard. C'est tout simplement déplaisant pour les personnes. Si vous vivez un jour l'expérience d'être retardataire, remarquez comment vous vous sentez. La fois suivante, vous ferez tout pour arriver à l'heure.

La ponctualité n'est pas seulement utile pour les rendez-vous. Elle vous aidera également à maximiser votre potentiel, car vous serez fidèle à vous-même. Par exemple, quand vous avez un but à atteindre et que vous mettez une date précise comme échéance, vous faites alors preuve d'intégrité avec vous-même. À la longue, vous deviendrez plus productif et satisfait de vous-même.

Jour 80

Le pouvoir de vos convictions

La réussite personnelle exige une conviction et une détermination à toute épreuve. Vous devez vous persuader que tout est possible si vous mettez les efforts nécessaires.

Les gens qui ont de grandes certitudes peuvent aspirer à des réalisations importantes, car ils sont convaincus et convaincants. On dirait que rien ne peut les ébranler et ils dégagent une haute confiance en eux.

Augmentez votre assurance face à vous. Vous serez surpris de la vitesse à laquelle vous réaliserez des choses remarquables. Aujourd'hui même, engagez-vous à vous convaincre que vous êtes une personne de convictions et que rien ne peut vous arrêter.

Jour 81

Les difficultés

La plupart des gens deviennent perturbés quand ils traversent une épreuve ou connaissent une difficulté. Ils se sentent impuissants devant ce qui leur arrive et c'est tout à fait normal et humain. Par contre, vous deviendrez plus fort si vous demeurez serein.

Une difficulté, c'est seulement un défi que la vie met sur votre chemin pour vous permettre de vous améliorer et de développer vos talents. Tout est une question d'attitude. En fait, les gens qui répondent de façon positive ont beaucoup plus de chance de rétablir la situation.

La meilleure alternative restera toujours une attitude intérieure positive. Les personnes sereines se sentent bien et aiment le monde, ils sont capables de s'adapter à toutes les circonstances.

Jour 82

La dépression et la maladie

La maladie et la dépression peuvent guetter chacun de nous, pour de multiples raisons, et nous n'y pouvons parfois rien. Même si vous vivez des colères et des révoltes internes, vous pouvez croire à ce moment qu'il n'y a rien à faire. Mais vous pouvez tout de même rester calme et confiant.

En effet, lorsque vous demeurez serein, il vous viendra à l'esprit beaucoup de réponses afin de trouver des pistes de solution, et ce, dans n'importe quelle situation. Vous deviendrez persévérant et finirez par gagner la bataille.

Le monde de vitesse dans lequel nous vivons engendre énormément de dépression, de suicides et de maladies mentales. La société a besoin de gens forts pour soulager la souffrance. On peut penser aux médecins et aux infirmières qui sont des gens remarquables.

Quand vous décidez de garder votre calme, vous aidez ces professionnels du milieu médical à bien vous soigner.

Jour 83

Face à la mort

Y a-t-il un sujet plus tabou que celui-ci? On peut affirmer qu'il est terrifiant d'être placé devant la mort. Évitez d'entrer dans le monde de la peur et restez calme. Confiez votre âme à Dieu qui pourra mieux que quiconque prendre votre destinée en main. C'est le meilleur chemin que vous pouvez emprunter.

Nous avons tous entendu parler de miracles, de gens revenus à la vie grâce à leur foi même si tout semblait fini pour eux. Rien n'est impossible à celui qui fait une demande honnête à Dieu. Vous devez considérer la mort comme un changement de votre condition actuelle vers un état de mieux-être et de paix.

La mort est nettement un passage qui vous dirige vers une plus grande joie et une plénitude supérieure. Si vous connaissez quelqu'un qui va mourir prochainement, soyez simplement à son écoute, demeurez calme, ne montrez pas une image négative et chargée d'émotions, mais plutôt une image de confiance et de compréhension

Jour 84

La souffrance planétaire.

Vous vous sentez impuissant quand vous voyez les guerres, les bébés affamés, les tremblements de terre, les inondations et la violence gratuite faite aux enfants? Toutes ces images sont tristes et révoltantes. Restez calme face à ce que vous ne pouvez changer immédiatement, mais sensibilisez-vous graduellement aux causes qui vous touchent profondément.

Chaque fois que des gens donnent du temps à des organismes, que ce soit par le bénévolat ou autre, ils contribuent sans le savoir à atténuer les souffrances et à soulager les plus démunis de la société. Vous êtes une bénédiction pour l'humanité si vous agissez ainsi.

Alors, votre révolte se transformera en gestes concrets pour corriger la situation planétaire.

Le calme et la prière sont aussi des actions importantes pour élever le niveau spirituel du monde entier. Chaque jour, quand vous le pouvez, priez pour que la terre change et que la joie s'installe partout. Si, ensemble, vous et moi pensons au meilleur pour tous, nous pourrons faire évoluer graduellement le monde en quelque chose d'extraordinaire.

Marc Thériault

100 jours de bonheur

Jour 85

Une attitude de calme en tout temps

Chaque jour, vous connaissez du stress, des tensions, et vous avez des décisions importantes à prendre. Vous pouvez faire la différence dans tout cela simplement en adoptant une attitude plus positive et plus paisible. Vous avez entre vos mains le potentiel de réagir avec calme et sérénité devant l'inconnu.

Les gens calmes dorment mieux, travaillent mieux, réussissent davantage que les personnes nerveuses ou anxieuses. Vous avez un travail à faire sur vous pour atteindre ce calme et devenir le maître des événements qui vous entourent. Personne d'autre que vous ne peut faire cette réflexion pour améliorer votre attitude.

Fixez-vous comme objectif de devenir plus posé et plus heureux en commençant par vous accepter comme vous êtes, avec vos faiblesses et les erreurs du passé. Vous devez vous aimer davantage et ne penser qu'à progresser. Évitez de vous rendre nerveux pour des futilités.

Jour 86

Sortez du monde de la peur

Avez-vous la crainte d'avoir peur? Certaines personnes ont tellement de peurs en elles qu'elles paralysent juste à penser à quelque chose qui les effraie. Vous devez vaincre vos frayeurs un jour à la fois. Le remède est d'affronter ce qui vous fait le plus peur en premier. Établissez une liste des choses qui vous dérangent et avancez un pas à la fois. Vous vous sentirez de plus en plus libre. Chercher l'information sur le sujet qui vous rend mal à l'aise, car la connaissance élimine la peur.

La première fois que vous décidez de braver votre principale phobie, c'est toujours plus difficile, mais par la suite, vous serez libéré. C'est comme la première fois que nous allons chez le dentiste. Le piège de la peur est que vous avez l'impression de vivre en cage malgré toutes les possibilités offertes.

Jour 87

La vraie liberté

La liberté ne viendra jamais dans votre vie si vous croyez que vous devez l'acheter ou l'acquérir par l'effort : c'est perdu d'avance. Si vous recherchez quelque chose ou quelqu'un qui vous apportera peut-être cette liberté, rien n'arrivera.

La vraie libération est plus proche que vous l'imaginez, même très près de vous. Ne cherchez plus : vous avez en vous-même la liberté. Le jour où vous découvrirez que tout est à l'intérieur de vous, tout changera pour de bon.

Pour vous épanouir davantage, vous devez identifier que vous pouvez créer cette autonomie en vous et de la façon dont vous pensez chaque jour. Oui, toute la réponse ne se situe que dans votre cœur et nulle part ailleurs !

Jour 88

Riez

Permettez-vous de rigoler régulièrement et pour n'importe quelle raison. Nous commettons parfois des erreurs comme oublier un article en magasinant ou omettre de mentionner un fait important au téléphone. Riez de vous, tout simplement, sans arrière-pensées. Ha! Ha!

Le jour où vous cesserez de prendre tout au sérieux, vous commencerez à vous sentir bien dans votre peau, plus réfléchi, et vous comprendrez mieux les fautes des autres avant de vous fâcher.

Le rire fait partie de l'épanouissement d'un être humain. Les gens qui sont capables de rire d'eux-mêmes sont plus confiants et plus heureux dans la vie. Hi! Hi!

Jour 89

Sortez du jugement

La prison du jugement est un endroit où il est difficile de vivre. Nous avons l'habitude de juger quelqu'un sur son habillement, sa façon d'être ou sa personnalité la première impression compte pour beaucoup. Évidemment, il faut faire attention et essayer de trouver du bon dans chaque être.

L'autre personne cherche la même chose que vous le bonheur, la santé, la prospérité. Il a dans chaque personne un trésor caché. Si nous condamnons les autres, nous ne pouvons pas découvrir cette forteresse intérieure. La critique empêche la communication réelle entre les êtres humains et, finalement, lorsque nous jugeons, nous devenons nous-mêmes notre propre juge. En bout de piste, nous justifions nos moindres gestes et avons peur à notre tour d'être réprouvés.

La meilleure chose à faire pour sortir du cercle vicieux du jugement, c'est de commencer par s'accepter intégralement, avec nos faiblesses et nos forces. Il sera ainsi plus facile de s'épanouir dans nos relations interpersonnelles et dans les autres secteurs de notre existence.

Jour 90

Réalisez un grand rêve

Avez-vous un grand rêve qui dort au fond de vous? Il faut rêver même si vos parents mentionnaient de « ne pas rêver en couleurs ». Eh oui! Il est bien de songer et de faire grandir ses idéaux. Un homme sans rêve est comme une personne morte.

Le premier pas pour réaliser un rêve est de passer à l'action sans tarder. Vous avez envie d'une expédition ou d'un temps d'arrêt pour vous reposer? Même si on veut vous retenir, allez-y! Faites-vous plaisir! Visitez les agences de voyages, prenez les informations nécessaires, faites une transition vers ce rêve sans tarder.

Vous devez rêver, mais vous devez également agir parce que personne ne le fera à votre place. Pour concrétiser un rêve, il faut commencer aujourd'hui à le réaliser, étape par étape. Le meilleur rêveur est celui qui accomplira chacun de ses rêves...

Jour 91

N'attendez pas!

Voici des expressions populaires : « J'attends l'hiver prochain! », « J'attends mon chèque de paie! » « J'attends mon occasion! », « J'attends à l'année prochaine! », « J'attends encore! », « Mon copain ne veut pas! », « J'attends encore! » Ces expressions sont parfois compréhensibles, mais pas toujours.

C'est un discours que nous tenons pour retarder la prise d'une décision. Certaines personnes préfèrent reporter dans le temps que faire un choix important immédiatement qui pourrait changer leur destinée. Malheureusement, elles ont patienté toute leur vie pour faire un voyage, pour mettre fin à une relation difficile, pour réaliser un projet d'affaires.

Rappelez-vous que vous n'êtes pas obligé d'espérer les conditions parfaites avant d'agir. La meilleure façon est de ne pas attendre, dès que possible, si vous le pouvez, commencez un plan réalisable. Votre temps est précieux et la période perdue ne revient pas. Vous êtes capable de juger les belles circonstances pour vous et non pour les autres.

Jour 92

Foncez!

Pour vous épanouir, il faut vous lancer vers un monde meilleur que celui dans lequel vous vivez maintenant. La vie ne cesse de vous ouvrir ses bras pour aller vers de grandes possibilités. Personne ne vous fera de cadeaux. La porte est ouverte, franchissez-en le seuil et découvrez un Nouveau Monde.

Un fonceur est quelqu'un qui prend des risques et des décisions sur une base régulière. Évidemment, il est toujours sage de réfléchir avant de sauter tête première dans une aventure qui pourrait devenir dramatique. Mais quand vous foncez, vous trouvez votre vrai potentiel et vos talents. C'est ce qui vous permet d'évoluer et de vous épanouir.

S'élancer demande du courage et de la détermination, mais c'est le prix à payer pour marcher dans un sentier différent. Écoutez votre corps et vos intuitions intérieures avant d'entreprendre quelque chose de nouveau. La réponse se situe souvent à l'intérieur de vous. Il est préférable d'être un fonceur intelligent et modéré qu'un fonceur sans discernement.

Jour 93

Affrontez la solitude

Vous avez sûrement déjà entendu ces expressions : « Non, je ne vais pas à cette soirée parce que je suis seul! », « Je ne vais pas au restaurant seul! », « Je n'aime pas magasiner seule. » Vous appréciez la compagnie comme tout le monde, mais il n'est pas toujours possible d'être accompagné. Alors, pourquoi vous empêcher de profiter de la vie?

Vous pourriez devenir frustré à ne pas pouvoir faire ce que vous aimez dans la vie sous prétexte que vous êtes seul et sans ressources. Commencez aujourd'hui à vous apprivoiser et vivez un temps de méditation.

Fermez votre radio et votre téléviseur, soyez simplement un être unique et écoutez votre voix intérieure. Vous arrivez dans ce monde seul et vous mourrez seul. C'est la vie. Vous pouvez donc certainement affronter et réussir votre vie en solitaire. Quand vous ne dépendrez plus autant des autres pour faire vos activités, vous deviendrez fort et courageux pour n'importe quel projet... Et vous n'aurez plus peur de braver l'inconnu.

Jour 94

Le changement total

Un jour, vous serez peut-être tellement fatigué d'un état de vie que vous serez placé dans une position où vous devrez faire un changement total. Si vous devez modifier quelque chose, alors faites-le pour le meilleur. Par exemple, si vous devez changer de maison, de conjoint, d'emploi, de ville, d'amis, posez-vous la question suivante : est-ce que cela va réellement améliorer mon existence? Soyez franc dans votre réponse.

Saisissez un papier et un crayon, divisez la feuille en deux et inscrivez les avantages d'un côté et les inconvénients de l'autre, concernant les conditions actuelles et futures. Évaluez les deux colonnes et prenez une décision éclairée.

Certaines personnes, suite à un changement, ont regretté ce qu'elles ont fait. Finalement, leur ancienne situation aurait été préférable si elles avaient effectué quelques modifications pour mieux s'épanouir. Un changement total peut se faire uniquement au niveau du cœur. Changez votre attitude et vous connaîtrez le vrai bonheur.

Jour 95

Souriez toujours

Il y a le sourire extérieur que nous pouvons afficher assez facilement lorsque nous rencontrons les gens que nous connaissons ou que nous vivons des moments agréables avec eux. Il est assez simple à faire quand tout va bien et que nous nous sentons bien dans notre peau.

Par contre, l'autre sourire, le vrai, c'est celui qui vient du cœur. Il est moins visible, mais il a l'avantage d'être là en tout temps. En résumé, il fait partie de votre attitude intérieure. Personne ne peut vous l'enlever et aucune circonstance extérieure ne peut l'affaiblir. Si vous réussissez à atteindre cette plénitude, vous deviendrez inébranlable parce que vous saurez que tôt ou tard le vent tournera et que la situation pénible que vous vivez va changer.

Le sourire du peuple, c'est quand une société ou une collectivité affiche une gaieté en permanence afin d'accueillir les autres. Par exemple quand l'étranger, le pauvre, le handicapé, l'orphelin, l'exclu, le sans-abri, le riche, le révolté et tous les affligés de la vie se sentent compris.

Si une entreprise ou même quelques personnes parviennent à cette philosophie, leur avenir est assuré. Peut-être utopique… mais pas irréalisable.

Jour 96

L'enfant en vous

Le plaisir de vivre se lit parfois sur le visage d'un enfant. Vous pouvez vous aussi exprimer votre gaieté en tout lieu : personne ne vous en empêchera. Quand vous sentez la joie, attention! C'est contagieux.

Si vous êtes au travail et que vous avez un air joyeux, plusieurs collègues pourraient prendre exemple sur vous et vous changerez l'atmosphère de jour en jour.

Prenez le quotidien comme un jeu. Quand vous étiez jeune, vous pensiez à jouer et à vous divertir. Où est maintenant ce plaisir de vivre? Où est caché l'enfant en vous? Le conditionnement social a-t-il réussi à vous faire oublier l'essentiel de la vie?

Sachez que vous êtes libre de percevoir la vie comme vous le voulez. Personne ne peut vous forcer au contraire. Vous avez le choix d'être comme le gamin qui rie, qui pleure et qui manifeste son amour, sa joie de vivre, son enthousiasme permanent. Retrouvez l'enfant perdu en vous.

Jour 97

Sortez du jeu de la comparaison

La société vous offre plusieurs possibilités de vous épanouir. Pourtant, tant de gens semblent malheureux et ont le mal de vivre parce rien n'arrive à combler leurs besoins et leur égo. Pourquoi?

La civilisation et son modèle nous mentionnent de ne pas être nous-mêmes. On cherche par tous les moyens de vous dire de vivre pour les puissants et les entreprises qui veulent prospérer. Nous nous comparons donc entre nous, selon nos styles de vie et ça devient destructif pour notre dignité.

Essayez, pendant une journée, de vous retrouver seul pour savoir qui vous êtes et ce que vous désirez dans la vie. Vous pourrez sortir du jeu de la comparaison puisque vous allez identifier vraiment ce que vous souhaitez faire de votre existence.

L'objectif ultime est de devenir plus heureux que vous êtes actuellement. Pourquoi vivez-vous chaque jour? Pour vous plaire ou plaire au système? Cherchez à être différent, à préciser ce que vous aimez ou n'aimez pas et prenez plaisir à afficher qui vous êtes réellement.

Jour 98

Ne ratez plus une occasion

Acceptez le compliment qu'on vous offre si on vous le doit. Évitez de dire : « Non, je ne mérite pas ça » laissez-vous aller et dites « Merci ».

Si on vous prodigue de la tendresse, accueillez-la également. Abandonnez-vous à l'amour, car vous le méritez. L'amour ne frappe pas à la porte tous les jours. Dites encore merci sans tenter de renvoyer la balle.

Maintenant que vous savez que vous êtes en droit de recevoir l'amour, dites-vous : « C'est formidable! » Dès aujourd'hui, ne ratez plus une occasion de manifester vos éloges et votre compassion aux autres. Bref, si vous vous estimez, vous pourrez estimer les autres.

Jour 99

N'ayez aucune limite

Ne mettez aucune limite personnelle pour trouver le bonheur. C'est simplement un don que la vie vous offre. Vous pouvez accéder à un plus grand épanouissement pour l'ensemble de votre existence. Prenez la décision dès maintenant d'appartenir au monde de la joie.

Ne limitez pas la générosité que vous pouvez partager aux autres parce que tout comme vous, chaque individu recherche l'amour, la santé et la prospérité

Si vous êtes généreux en bonnes pensées, le destin vous récompensera.

Sur le plan de la réalisation, ne restreignez jamais votre esprit aux petits projets. Si vous êtes guidé par la passion du bonheur, vous aurez de grands rêves pour vous et pour le monde entier. Il n'existe aucune limite à votre achèvement, sauf celle que vous vous imposez à vous-même.

Jour 100

N'ayez aucune limite

Pendant la prochaine année, ayez comme but de faire les choses qui vous passionnent. Mettez plus de temps dans les activités qui vous aident à cultiver votre bonheur. Par exemple, faites un voyage, allez voir des amis perdus depuis longtemps, démarrez une entreprise, offrez-vous tout simplement une période de repos et de prière.

D'ici trois ans, fixez-vous l'objectif de devenir dix fois plus heureux que maintenant. Comment? En acceptant mieux ce que vous vivez et ce que vous êtes actuellement. De plus, accomplissez davantage de projets qui vous procurent de la joie et du plaisir.

Aidez les autres à réaliser leurs rêves. Laissez votre pensée s'élever vers les situations les plus nobles et les plus merveilleuses. Et si le bonheur frappe à votre porte, permettez-lui d'entrer librement, sans restriction.

Voici trois questions pour vous.

Répondez-y et méditez librement le tout.

1. *Quel est votre plus grand rêve?*

2. *Quelle est la valeur la plus importante pour vous?*

3. *Quelle est votre plus grande passion dans la vie pour rester heureux?*

Liens utiles – Ouvrages de l'auteur :

www.marctheriault.com

Vaincre la dépendance affective

100 jours de chance

Vivre heureux au 21e siècle : Découvir la connaissance de soi

Les 20 secrets de l'esprit millionnaire

100 jours de bonheur
Marc Thériault

Couverture et mise en page numérique :
Bouquin-Numerique.com

Marc Thériault

100 jours de bonheur